谨以此书献给

中华人民共和国成立六十周年

上善若水——

谨以此书献给为南水北调工程文物保护工作付出辛勤努力的工作者

盛世调吉水 古都遗博珍

——南水北调中线一期工程北京段出土文物

北京市南水北调工程建设委员会办公室
北京市文物局 编

图书在版编目(CIP)数据

盛世调吉水　古都遗博珍：南水北调中线一期工程北京段出土文物／北京市南水北调工程建设委员会办公室，北京市文物局编．—北京：科学出版社，2008
ISBN 978-7-03-023086-7

Ⅰ．盛⋯　Ⅱ．①北⋯　②北⋯　Ⅲ．南水北调—水利工程—文物保护—概况—北京市　Ⅳ．K872.1

中国版本图书馆CIP数据核字(2008)第150835号

责任编辑：宋小军　刘　能
责任印制：赵德静　／　装帧设计：北京美光制版有限公司

科 学 出 版 社 出版
北京东黄城根北街16号
邮政编码：100717
http://www.sciencep.com

北京佳信达欣艺术印刷有限公司 印刷
科学出版社发行　各地新华书店经销
*

2009年4月第　一　版　　开本：889×1194　1/16
2009年4月第一次印刷　　印张：8 1/4
印数：1—1 500　　　　　字数：211 000

定价：120.00元
(如有印装质量问题，我社负责调换)

《盛世调吉水 古都遗博珍——南水北调中线一期工程北京段出土文物》编委会

主任 孔繁峙

副主任 何凤慈、崔国民

委员 宋大川、张弢、王玉伟、蒋春芹、王有泉、高书坤

编辑组 孟学琴、张治强、郭京宁、毕波、刘晓音、郑国辉、刘保山、孙勐

序

南水北调工程是我国一项跨流域、跨行政和地理区域的宏大工程。2005～2008年，北京的水利建设者和考古工作者相互配合，考古工作者提前完成了北京段的地下文物保护工作，水利建设者顺利完成了京石段南水北调工程，为北京奥运会的成功召开提供了有力保障。

南水北调文物保护工程是近几年北京市最重大工程之一，工作区域跨北京市房山区、丰台区、海淀区，考古工作者是在多次调查和勘探的基础上，确定了发掘保护地点。考古发掘揭示和保护了工程沿线的8组文物遗存，时代从春秋战国、两汉、唐、辽金至明清，充实了北京地区各时代历史。其中南正遗址发现战国秦汉时期的陶器作坊遗址和东汉砖室墓群，为研究这一时期的生业模式提供了新的材料；丁家洼遗址是北京地区首次系统发掘的东周时期燕文化居住生活遗址，为东周燕文化的研究提供了极为重要的考古资料。南水北调北京段的考古成果，串起了2000多年的历史，保护了近千件较为珍贵的文物，将在首都北京的建设和发展中起到强有力的文化支撑。

南水北调文物保护工程现场发掘结束后，考古工作者立刻进行资料整理和报告编写，并于2008年完成资料出版，圆满地完成了地下文物的保护、研究工作。南水北调中线工程北京段的文物保护成果，受到了社会广泛的关注。2006年1月，国内20余家新闻媒体对北京段南正遗址的考古发掘成果予以集中报道。2007年中国遗产日期间，南水北调北京段的文物保护成果图片展，同样受到了社会的热捧。为加强考古成果的普及宣传，引起全社会重视工程建设中的文物保护，北京市南水北调工程建设委员会办公室和北京市文物局组织编写了《盛世调吉水　古都遗博珍——南水北调中线一期工程北京段出土文物》一书，展示南水北调中线一期工程北京段的文物保护成果。

南水北调工程北京段文物保护工程是工程建设者和文物保护者合作的典范。随着首都北京改革开放进程的加速，建设人文北京，深挖首都北京历史文化内涵，对我市考古工作者提出了挑战和机遇。因此，考古工作者要以新的研究方式进一步深入和扩展北京名城考古工作，充分发挥考古工作在北京名城建设和保护中的作用。

第一，继续推进北京社会发展史领域的考古发掘与研究工作。目前，有关北京社会发展史的考古学时代框架初步确立。考古发现自旧石器时代的北京人、山顶洞人，到新石器早期的东胡林人类遗址、转年遗址，新石器时代中期的平谷上宅遗址，新石器时代晚期的昌平雪山遗址，时代相当于夏商时期的昌平张营遗址，这些发现证实了北京地区古老的人类发展史。特别是琉璃河西周燕都遗址的发现，将北京建城史推进到距今3000多年。因此，考古工作者还要不断在新石器时代的农业起源、西周燕文化及燕文化的起源发展方面加大发掘和研究力度，继续为续写北京社会发展史努力。

第二，不断扩展北京历史名城考古研究的新领域。今后北京名城的考古与研究工作，应在传统的年代学和人类学基础上，逐步增加北京名城历史环境考古、古代农业考古、古村落考古、历史气候考古、历史植物考古、历史动物考古等研究项目，特别是要注意开展人类学、民族学的研究，以逐步确定和完善北京地区自有人类生存以来的各时代、各民族的分布区域及不同民族的民俗文化特色，以不断丰富北京名城的历史文化内涵。

第三，以多种形式开展北京名城考古工作。古都北京，自西周初的蓟城始，历3000余年延续至今，形成了文化内涵丰富，文化层叠深厚的特点。因此，名城的考古研究是复杂的、困难的。南水北调工程为我们提供了利用大型建设工程进行历史名城考古工作的契机。当前首都的城市建设与发展同样为我们提供了千载难逢的机遇，我们要结合城市的改造工程、市政工程、危改工程、道路工程等建设项目，有效开展地下文化遗存的清理和研究。通过考古资料的不断积累，从整体上复原北京各时代的历史面貌。

第四，更加关注对考古成果的保护和展示。作为全国的文化和政治中心，首都北京越来越注重城市的文化内涵，特别是对历史文化中的古都城市发展变迁的历史遗迹，都采取了不同的保护利用方式。如房山琉璃河古燕都遗址、广安门外古蓟丘遗址、金中都水北遗址、大葆台汉墓、元代土城遗址等，或以博物馆的形式，或以遗址公园的形式，均给予保护和展示，有效地延续了城市历史文脉。根据新形势下北京名城保护发展的需要，以往的工作还不能充分展示出北京名城3000多年的发展史。因此，今后的工作应加大名城考古成果展示力度，逐步建立并完善北京名城历史发展遗迹的展示系列，充分发挥考古工作在北京名城保护与展示中的特殊作用。

北京市南水北调工程建设委员会办公室
北京市文物局
二〇〇九年一月

目录

序

绪言 …………………………………… 1

南正遗址 ……………………………… 2
南正遗址第I发掘区工作现场 ……… 2
南正遗址第II发掘区工作现场 ……… 3
南正遗址第II发掘区 ………………… 3
南正遗址第III发掘区工作现场 ……… 4
南正遗址发掘区全景 ………………… 4
南正遗址M6、M11全景 …………… 5
南正遗址M26墓室 …………………… 5
南正遗址Y2 …………………………… 6

岩上墓地 ……………………………… 6
岩上墓地发掘区全景 ………………… 6
岩上墓地高空气球摄影 ……………… 7
岩上墓地瓮棺葬全景 ………………… 7
岩上墓地M46 ………………………… 8
岩上墓地M48 ………………………… 8

丁家洼遗址 …………………………… 9
丁家洼遗址发掘前布方情况 ………… 9
丁家洼遗址发掘区全景 ……………… 9

1. 陶盆 ………………………………… 10
2. 陶豆 ………………………………… 10
3. 陶釜 ………………………………… 11
4. 陶釜 ………………………………… 11
5. 陶釜 ………………………………… 12
6. 陶釜 ………………………………… 13
7. 陶鬲 ………………………………… 14
8. 陶釜 ………………………………… 15
9. 陶罐 ………………………………… 16
10. 陶豆 ……………………………… 16
11. 瓦当 ……………………………… 17
12. 瓦当 ……………………………… 17
13. 瓦当 ……………………………… 18
14. 瓦当 ……………………………… 18
15. 瓦当 ……………………………… 19
16. 瓦当 ……………………………… 19
17. 陶罐 ……………………………… 20
18. 陶罐 ……………………………… 21
19. 陶瓮及器座 ……………………… 22
20. 陶瓮 ……………………………… 23
21. 陶壶 ……………………………… 24
22. 陶壶 ……………………………… 25
23. 陶壶 ……………………………… 26
24. 陶壶 ……………………………… 27
25. 陶碗 ……………………………… 28
26. 陶盆 ……………………………… 29
27. 陶盆 ……………………………… 29
28. 陶钵 ……………………………… 30
29. 陶钵 ……………………………… 30
30. 陶钵 ……………………………… 31
31. 陶盘 ……………………………… 31
32. 陶釜 ……………………………… 32
33. 陶罐 ……………………………… 33
34. 陶罐 ……………………………… 34
35. 陶罐 ……………………………… 34
36. 陶奁 ……………………………… 35
37. 陶奁 ……………………………… 35
38. 陶炉 ……………………………… 36
39. 陶三足盆 ………………………… 37

40. 陶扁壶 …… 38	74. 陶鸡 …… 59
41. 陶案 …… 39	75. 陶鸡 …… 59
42. 陶案 …… 39	76. 陶鸡 …… 60
43. 耳杯 …… 40	77. 陶鸟 …… 60
44. 陶勺 …… 40	78. 陶鸟 …… 60
45. 器盖 …… 40	79. 陶狗 …… 61
46. 陶豆 …… 41	80. 陶狗 …… 62
47. 陶俑 …… 42	81. 陶狗 …… 63
48. 陶俑 …… 43	82. 陶狗 …… 63
49. 陶俑 …… 44	83. 陶狗 …… 64
50. 陶俑 …… 44	84. 陶狗 …… 64
51. 陶俑 …… 45	85. 陶狗 …… 65
52. 陶俑 …… 46	86. 陶狗 …… 66
53. 陶俑 …… 47	87. 陶狗 …… 66
54. 陶俑 …… 48	88. 陶狗 …… 66
55. 捣米俑 …… 48	89. 陶猪 …… 67
56. 捣米俑 …… 49	90. 陶猪 …… 67
57. 陶俑 …… 49	91. 陶猪 …… 68
58. 陶鸭 …… 50	92. 陶猪 …… 68
59. 陶鸡 …… 51	93. 陶猪 …… 68
60. 陶鸡 …… 51	94. 陶猪 …… 69
61. 陶鸡 …… 52	95. 陶猪 …… 69
62. 陶鸡 …… 52	96. 陶厕 …… 70
63. 陶鸡 …… 53	97. 陶猪厕 …… 71
64. 陶鸡 …… 53	98. 陶猪厕 …… 72
65. 陶鸡 …… 54	99. 陶猪厕 …… 73
66. 陶鸡 …… 54	100. 陶猪厕 …… 74
67. 陶鸡 …… 55	101. 陶灶 …… 75
68. 陶鸡 …… 56	102. 陶灶 …… 76
69. 陶鸡 …… 56	103. 陶灶 …… 76
70. 陶鸡 …… 57	104. 陶灶 …… 77
71. 陶鸡 …… 58	105. 陶灶 …… 78
72. 陶鸡 …… 58	106. 陶灶 …… 79
73. 陶鸡 …… 58	107. 陶灶 …… 79

108. 陶灶	80	141. 铜带钩	101
109. 陶灶	81	142. 铜带钩	101
110. 陶灶	82	143. 铜镜	102
111. 陶厕	83	144. 铜戒	103
112. 陶厕	84	145. 铜削刀	103
113. 陶磨	84	146. 铜刀	103
114. 陶磨	84	147. 铜簪	104
115. 陶仓	85	148. 铜簪	104
116. 陶仓	85	149. 铜簪	105
117. 陶仓	86	150. 铜簪	105
118. 陶仓	86	151. 铜簪	106
119. 陶楼	87	152. 铜簪	106
120. 陶楼	88	153. 铜帽珠	106
121. 陶楼	89	154. 铜三事	107
122. 陶井	90	155. 铜镯	107
123. 陶井	90	156. 酱釉双系罐	108
124. 陶井	91	157. 瓷碗	109
125. 陶井	92	158. 瓷瓶	109
126. 陶井	92	159. 青花粉彩瓶	110
127. 陶灯	93	160. 瓷罐	111
128. 陶灯	94	161. 瓷瓶	112
129. 陶罐	94	162. 玉管	113
130. 陶罐	95	163. 耳珰	113
131. 陶罐	95	164. 耳珰	113
132. 陶罐	96	165. 石砚	114
133. 陶罐	96	166. 骨簪	114
134. 陶罐	97	167. 包金手镯	115
135. 陶罐	97	168. 银环	115
136. 三足罐	98	169. 银戒	115
137. 铜饰	99	170. 银镯	116
138. 铜印	99	171. 银扁方	116
139. 铜镞	100	172. 粟、大麻	117
140. 铜带钩	100		

绪言

南水北调工程是党中央、国务院作出的一项事关国计民生的重大决策，文物保护工作是这项工程的重要组成部分。这项工作一直得到中央领导和相关部委领导的重视。北京市文物局委托北京市文物研究所专门成立南水北调考古工作队，全面负责南水北调中线工程北京段的文物保护工作。

文物保护工作自2005年7月至2006年9月，先后在输水管线施工范围内进行文物勘探272万平方米，考古发掘16 360平方米，保护了一批珍贵的地下文物，有力地支持了南水北调工程建设。并在此基础上，对出土文物进行了细致、科学的整理工作，取得了重要的科研成果。

为保障南水北调北京段文物保护工程的顺利开展和圆满完成，北京市文物研究所南水北调考古队在组建队伍、制定考古工作制度和考古工作规范等方面，事先进行了相关工作，确保南水北调北京段文物保护工程质量和进度。如调查、勘探和发掘过程中，严格遵循《田野考古操作规程》，并根据实际情况制定了《文物勘探技术规范》、《探方发掘记录要点》、《灰坑发掘记录要点》、《窑址发掘记录要点》、《墓葬发掘记录要点》等技术规范。在此基础上，2005年11月初至2006年8月底，北京市南水北调考古工作队不畏寒暑，以"既对施工建设有利，又对文物保护有利"为己任，先后完成了南正遗址发掘区、岩上墓葬发掘区、坟庄和六间房遗址墓葬发掘区（北正遗址、六间房墓葬区）、皇后台遗址发掘区（天开遗址）、顺承郡王家族墓地发掘区（新街墓葬区、辛庄墓葬区、周口遗址、西周各庄窑址）、丁家洼遗址发掘区、前后朱各庄墓葬发掘区（包括丁家洼村东墓葬、羊头岗村北墓葬和村南窑址）、果各庄遗址发掘区8组遗址点共计16 360平方米的发掘面积。

这些文物地点时代跨度长、文化内涵丰富，从春秋时期开始，历经战国、汉、唐、辽、金、明、清等历史时期，时间延续达几千年。共清理各时期墓葬120余座、窑址13座及灰坑、灰沟、灶址等其他遗迹，出土陶器、石器、铜器、瓷器等大量各类遗物。形制各异的墓葬、陶窑、灰坑，精彩的陶器、铜器、瓷器为北京乃至北方地区的历史文化研究增添了重要资料。

南正遗址位于房山区长沟镇南正村北，管线位置为HD6+900—HD7+172。根据输水管线的走向及遗址的地形特点将该地点分为三个发掘区，发掘面积共计约6 660平方米。共清理灰坑43座、墓葬26座、陶窑7座、灰沟6条、灶址5座。出土的陶器、石器、铜器、铁器等遗物总数有千余件，时间跨度为战国晚期至辽金时代。南正遗址的出土文物，是解决北京地区（尤其是北京南部地区）汉代考古学文化编年的重要资料，必将使这一地区文化谱系的研究导向深入。所清理之汉墓不仅反映了拒马河流域在东汉时期的丧葬习俗，也从一个侧面反映了该地区汉代居民的文化风格和经济状况，将对研究这一地区乃至北京南部汉代政治、经济、文化、历史起到积极的推进作用。

南正遗址第Ⅰ发掘区工作现场

南正遗址第II发掘区工作现场

南正遗址第II发掘区

南正遗址第Ⅲ发掘区工作现场

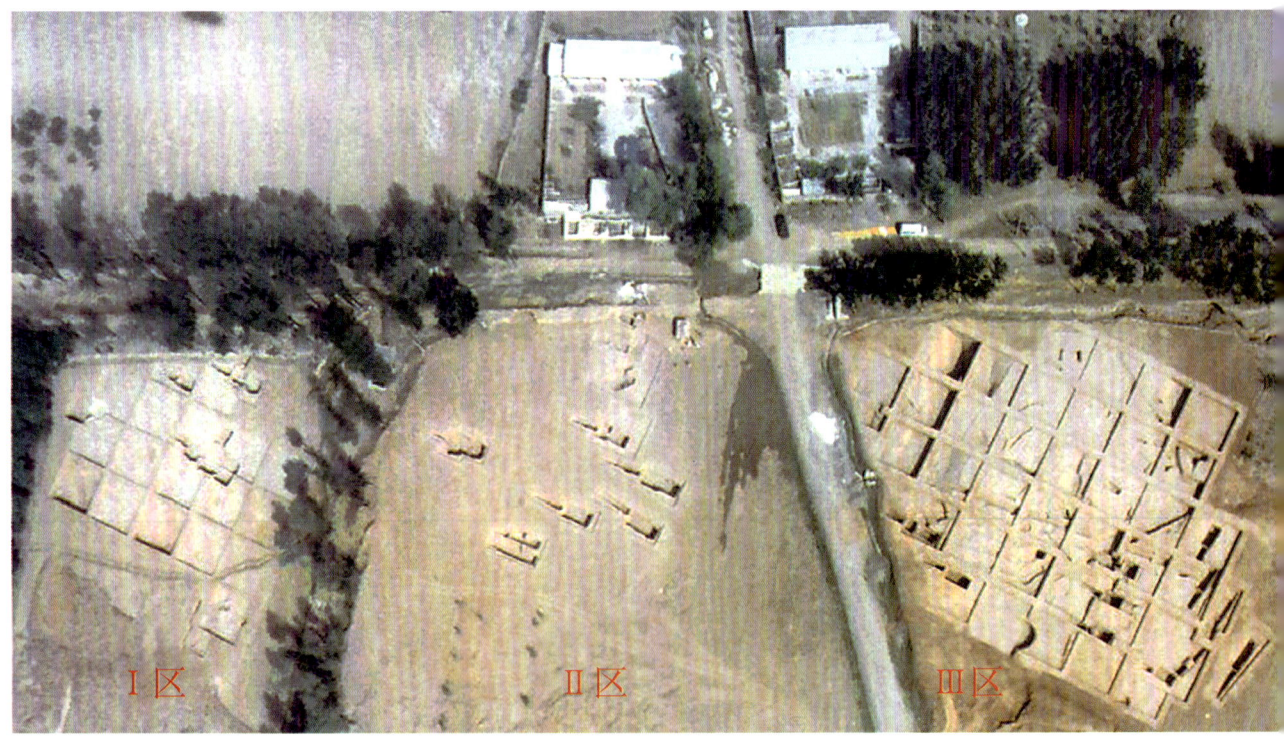

Ⅰ区　　　Ⅱ区　　　Ⅲ区

南正遗址发掘区全景

南正遗址M6、M11全景

南正遗址M26墓室

南正遗址Y2

岩上墓地 位于房山区长沟镇南正村西北部，管线位置为HD5+976—HD6+115，发掘面积为3 250平方米。发掘各时期墓葬70座，年代上起战国，下至清代。岩上墓地的出土遗物为了解和研究本地区墓葬制度的演变、社会习俗的变迁提供了众多的实物资料，特别是对研究战国时期燕文化的面貌具有重要的意义。

岩上墓地发掘区全景

岩上墓地高空气球摄影

盛世调吉水
古都遗博珍

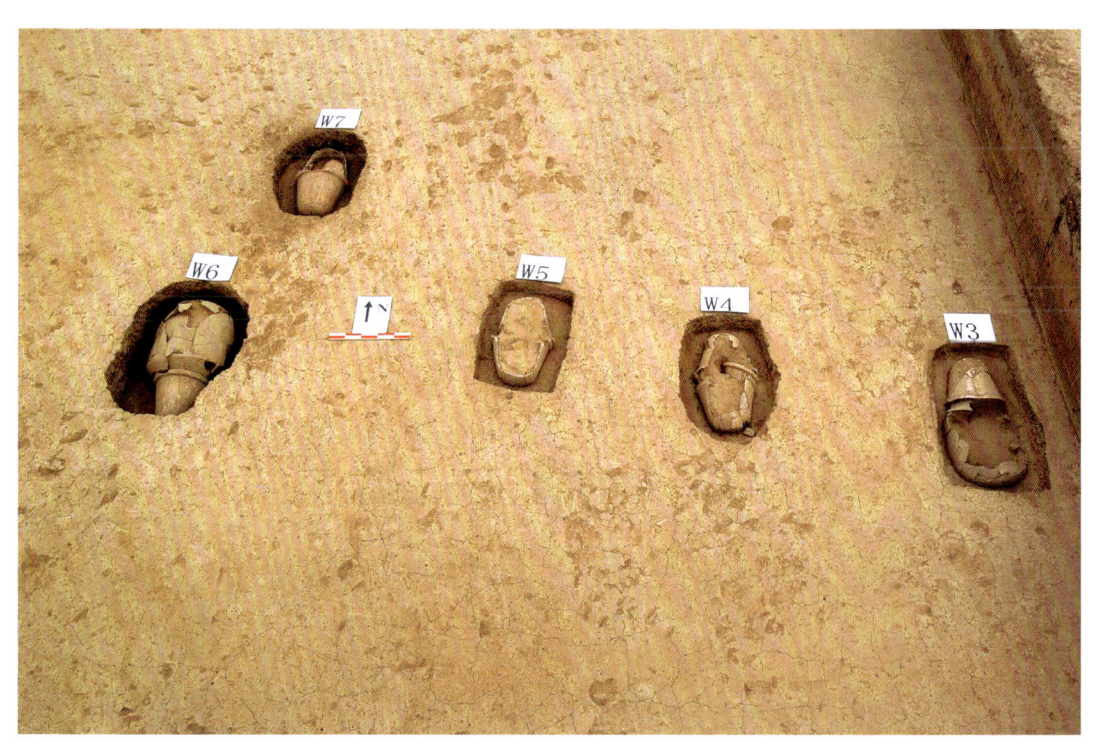

岩上墓地瓮棺葬全景

岩上墓地M46

岩上墓地M48

丁家洼遗址 位于房山区城关镇丁家洼村西南,管线位置为HD30+190—HD30+345。这是北京地区首次系统发掘的东周时期燕文化遗址,发掘总面积2 850平方米,共发掘东周时期灰坑127个、灰沟4条。填补了东周燕文化既往考古发现所遗留下来的空白。遗址内涵丰富,为东周燕文化的研究提供了翔实的考古学资料,也必然使学界对于东周燕文化面貌的认识更加深入。

丁家洼遗址发掘前布方情况

丁家洼遗址发掘区全景

1. 陶盆　丁家洼遗址出土

春秋

通高14.1、口径21、底径7.9厘米

泥质灰陶。方唇，平折沿，沿下角近直角，沿面近外缘和近内缘皆饰一道凹弦纹，颈部一周抹光带。腹壁斜直，腹底转折沿处微弧折，底略内凹，腹壁饰交错绳纹，延及腹底转折处，底部亦饰交错绳纹。

2. 陶豆　丁家洼遗址出土

春秋

通高15.3、豆盘径15、圈足径10.1厘米

泥质灰陶。尖圆唇，浅腹、腹壁斜收，细高柄，喇叭形圈足，圈足边缘为方唇。豆盘内壁口下饰三道凹弦纹，素面。

3. 陶釜　　南正遗址出土

战国

通高34.4、口径34、腹径34.5厘米
夹云母红褐陶。局部泛黑。敛口，浅盘状沿，尖圆唇，筒腹微鼓，圜底。腹上部残留数道旋制痕和一对接凸棱，棱下部及底饰竖细绳纹。

4. 陶釜　　南正遗址出土

战国

通高34.8、口径34.1、腹径34.5厘米
红陶泛褐，夹砂含云母。敛口，浅盘状沿，圆唇，筒腹微鼓，圜底。腹上部残留数道旋制痕和一对接凸棱，棱下部及底饰竖细绳纹。

盛世调吉水
古都遗博珍

5. 陶釜　南正遗址出土

战国

通高35.6、口径22、腹径30.3、底径12厘米

夹砂红陶含云母。敛口，浅盘状沿，圆唇，筒腹微鼓，底残。腹上部残留数道旋制痕和一对接凸棱，棱下部疏饰竖细绳纹。

盛世调吉水
古都遗博珍

6. 陶釜　南正遗址出土

战国

通高34.6、口径28.5、腹径28.5厘米

红陶泛土白，局部发灰，夹砂含云母。敛口，浅盘状沿，圆唇，筒腹微鼓，圜底。腹上部残留数道旋制痕和一对接凸棱，棱下部及底疏饰竖细绳纹。

7. 陶鬲 岩上墓地出土

战国

通高24.4、口径13、最大底径12.8厘米

夹云母红陶。敛口，折沿，方唇。短束颈，深腹，呈筒状，腹壁略弧。平底，略内凹。底部附三扁状柱足，略外撇。腹壁上饰细绳纹，底部有交错的细绳纹。手制而成。

8. 陶釜　岩上墓地出土

战国

通高32.4、口径33.7～34.2、底径7.2厘米

夹云母灰褐陶。敞口，口沿下凹呈盘状，口沿内折处起榫状小棱。深腹呈筒状，向下内收，小平底，略圜。腹壁饰细绳纹，底部有交错的细绳纹。

9. 陶罐　南正遗址出土

战国

口径16、底径22.4、高33厘米夹云母灰陶。直口微敞，圆唇，斜折肩，斜腹微弧，平底。饰竖向绳纹，肩部以上饰弦断绳纹。

10. 陶豆　南正遗址出土

战国

高14.3、口径14.8、底径8.8厘米夹云母灰陶。近直口、尖圆唇，豆盘斜腹微弧。柄略高，喇叭状座。素面。

11. 瓦当　南正遗址出土

战国

直径19.5厘米

夹砂灰陶。半圆形，中部有象形阙门之建筑，下部两角双鹿相向，伸颈仰头，前肢向前直伸，后肢屈弯，尾巴上翘作跳跃状；边轮较宽，边轮和主题图案之间饰一凹弦纹。

12. 瓦当　南正遗址出土

战国

残长10、直径19厘米

夹砂灰陶含云母。半圆形，当面为简化饕餮纹，双目椭圆状鼓凸，阔口，卷唇；四周布满云雷纹，外有一周凸弦纹，边轮宽窄不匀。

13. 瓦当　南正遗址出土

战国

残长38、直径17厘米

夹砂灰陶含云母。半圆形,当面为简化饕餮纹,双目椭圆状鼓凸,阔口,卷唇;四周布满卷云纹,边轮略宽。

14. 瓦当　南正遗址出土

战国

残长22.4、直径13厘米

夹砂灰陶含云母。半圆形,当面为简化饕餮纹,双目椭圆状鼓凸,阔口,卷唇;四周布满卷云纹,边轮略宽。

15. 瓦当　　南正遗址出土

战国

残长8.8、直径17.5厘米

夹砂灰陶含云母。当面为简化饕餮纹，双目椭圆状鼓凸，阔口，卷唇；四周布满云雷纹，边轮略宽。

16. 瓦当　　南正遗址出土

战国

残长28、直径18厘米

夹砂灰陶含云母。当面为简化饕餮纹，双目椭圆状鼓凸，阔口，卷唇；四周布满卷云纹，边轮略宽。

17. 陶罐　岩上墓地出土

汉代

通高20.9、口径11.2、腹径26.4、底径20.7厘米

夹云母红陶。盘口外侈，双唇，短束颈。斜肩，鼓腹，下腹内收，平底。素面。轮制。

18. 陶罐 岩上墓地出土

汉代

通高15.5～16、口径11.2、口径9.9、腹径11.6、底径7.8厘米

泥质灰陶。侈口，斜方唇，束颈，颈上有一周凹槽。鼓腹，下腹内收，平底。素面。轮制。

19. 陶瓮及器座　南正遗址出土

汉代

陶瓮，通高55.6、口径29.6、腹径32、口至瓮底46.4厘米

器座，高12、底外径38、内径29.2厘米

夹云母灰陶。直口，平斜沿，方唇，矮颈，圆肩，弧腹，圜底。手轮兼制。腹部饰三组凸弦纹相间的绳纹纹带。

器座为夹云母红陶。手制。

20. 陶瓮　南正遗址出土

汉代

通高40、口径20.5、腹径44厘米

泥质灰陶。直口微敛，下斜沿，尖圆唇，矮颈折肩，弧腹微鼓，圜底，稍平。轮制。

21. 陶壶 南正遗址出土

汉代

通高42、口径17.5、腹径24.2、足径18厘米

泥质灰陶。盘状口，束颈，溜肩，圆鼓腹下弧收，高圈足。唇下、颈、肩、腹、足饰二道或三道凸弦纹。轮制。

22. 陶壶　　南正遗址出土

汉代

通高42.4、口径15.7、腹径24.4、底径11.8厘米

泥质灰陶。盘口，束颈，斜肩鼓腹下斜收，假圈足，足心微上凹。轮制。

23. 陶壶　南正遗址出土

汉代

通高42、口径17.4、腹径23.5、足径19.2、足高10.4厘米

泥质灰陶。盘口外饰二周凹弦纹，高束颈，溜肩对称二铺首衔环，鼓腹下圜收，高圈足。颈、肩、腹、足饰一道或二道凸弦纹。轮制。

24. 陶壶　岩上墓地出土

汉代

通高32.4、口径18、腹径26.4、圈足高7.2、直径19.2厘米

夹云母红陶。侈口，平折沿，双唇，束颈，溜肩，圆鼓腹，肩、腹之间有一道明显的接痕。底部略内凹。高圈足，足下部稍外撇。素面。轮制。

25. 陶碗　南正遗址出土

汉代

通高10.1、口径20.2、足径9.8厘米

夹云母红陶。直口，圆唇，弧腹，圈足外撇。轮制，腹残留数道旋制轮痕。

26. 陶盆　　南正遗址出土

汉代

通高8.4、口径21、底径6.4厘米

夹云母红陶。敛口，宽沿上仰，方唇，折腹，小平底。轮制。

27. 陶盆　　南正遗址出土

汉代

高6.2、口径17.2、底径11.2厘米

泥质灰陶。直口微侈，平沿，尖圆唇，直腹微鼓，平底。器形不规整。轮制。

28. 陶钵　　南正遗址出土

汉代

通高7.8、口径20.2、底径6.8厘米

夹云母红陶。盘口，弧腹，小平底微上凹。腹残留旋制凸棱。轮制。

29. 陶钵　　北正遗址出土

汉代

通高4.6、口径12.1、底径6厘米

夹云母红陶。圆唇，侈口，弧壁，平底。手制。

30. 陶钵　　南正遗址出土

汉代

通高5.15、口径12.3、底径5.5厘米

夹云母红陶。直口微敛，上斜沿，尖圆唇，斜弧腹，平底微上凹。轮制。

31. 陶盘　　南正遗址出土

汉代

通高2.25、口径14.9、底径11厘米

泥质灰陶。敞口，折沿上仰，斜方唇，斜腹，外底缘部饰一凸弦纹，心部微向外平凸，内底饰二凸弦纹残留粉彩。轮制。

32. 陶釜　南正遗址出土

汉代

通高18.8、口径22.8、腹径26.5厘米

夹云母红陶。直口微侈，平沿，圆唇，溜肩圆鼓腹，圜底。轮制。

33. 陶罐　南正遗址出土

汉代

通高17.1、口径12、腹径21.1、底径7.4厘米

夹砂红陶含云母。直口微侈，浅盘状沿，斜方唇，溜肩鼓腹下弧收，底微上凹。轮制，腹残留旋制痕。

34. 陶罐　　南正遗址出土

汉代

高17.4、口径5.5、腹径19.4、底径6.7厘米

夹云母红陶。直口微侈、下斜沿，方唇，矮颈，溜肩附双耳，鼓腹下弧收，底微上凹。轮制，肩、腹残留旋制痕。

35. 陶罐　　南正遗址出土

汉代

通高13.9、口径8.5、腹径15.4、底径8.6厘米

夹云母红陶。直口，圆唇，矮直领，圆肩鼓腹下弧收，底微上凹。素面。轮制。

36. 陶奁　南正遗址出土

汉代

通高11.3、口径19.8、足高2.2、壁厚0.8～1.2厘米

泥质灰陶。直口，方唇，唇下一凸弦纹带，筒腹，平底，三兽足。手轮兼制。

37. 陶奁　南正遗址出土

汉代

通高14.2、口径19.7、腹径18.4厘米

泥质灰陶。直口微侈，圆唇，筒腹，平底，三马蹄形足。手轮兼制。

38. 陶炉　南正遗址出土

汉代

通高11.9、口径22.2、沿宽1.4厘米

泥质灰陶。子母口，方唇，弧腹，平底，三马蹄形足。内壁有三支点，腹、底各镂三长方形孔。手轮兼制。

39. 陶三足盆　　南正遗址出土

汉代

通高12.7、口径25.3、足高2厘米

泥质灰陶。敞口，撇沿，尖唇，腹饰三周凹弦纹，圜底略平，马蹄形足。内外壁残留朱红。轮制。

40. 陶扁壶　南正遗址出土

汉代

通高18.1、口径5.5～5.8、腹径8.7～15.9、足高1.4厘米

泥质灰陶。直口微侈，截面椭圆形，平沿，方唇，直领，斜平肩对称饰盲鼻，扁体直腹，截面长方形圆角，平底，二长方形方棱足。模制。

41. 陶案　　南正遗址出土

汉代

直径33.9、高1.6厘米

泥质灰陶。平面圆形,侈口,折平沿,斜方唇,浅腹,平底。轮制。

42. 陶案　　南正遗址出土

汉代

长60.4、宽41.2～41.6、高2.3厘米

泥质灰陶。平面长方形,侈口,尖圆唇,浅腹,平底。盘底残留朱红。模制。

43. 耳杯　南正遗址出土

汉代

通高3.8、长13.2、宽9.9厘米

泥质灰陶。形似"船"状，平面椭圆形，敞口，圆唇，浅腹，平底，两侧附残月形耳。模制。

44. 陶勺　南正遗址出土

汉代

通长16.1、宽6厘米

泥质灰陶。口部平面椭圆状，敞口，尖唇，斜弧腹，底尖圆。细柄龙头形，曲颈仰头，张嘴露齿，神态威武。勺内残留朱红。模制。

45. 器盖　南正遗址出土

汉代

盖径27.2、盖厚1.2、纽高3.2厘米

夹砂红陶含云母。圆形饼状，上面残留数道旋制痕，中有顶部略尖突下部斜收的圆形握手，下面素平。轮制。

46. 陶豆　南正遗址出土

汉代

残高5.2、口径12.8厘米

夹云母灰陶。敞口，浅盘，尖圆唇。轮制。

47. 陶俑　南正遗址出土

汉代

通高26.3厘米

泥质灰陶。跽坐俑，内空，头戴平巾帻，眉目清晰，耳阔鼻隆，双唇紧闭，面容清秀，双臂自然前伸，手指平直，作伏案状。模制。

48. 陶俑 南正遗址出土

汉代

通高20、宽9.7厘米

泥质灰陶。头戴帽，耳阔鼻隆，双唇紧闭，下颌略尖，袍衣曳地，双手抚于胸前，宽袖垂于腹间，面容清秀，神情敦厚。模制。

49. 陶俑　南正遗址出土

汉代

通高13.8、宽8.7厘米

泥质灰陶。头戴帽，眉目清晰，小耳隆鼻，双唇紧闭，下颌略尖，面容清秀，神情专注。袍衣右衽，双手拢袖抚于胸前。模制。

50. 陶俑　南正遗址出土

汉代

通高12.8、宽5.5厘米

泥质红陶。头戴帽，眉目模糊。袍衣曳地，曲臂于腹两侧。模制。

51. 陶俑　南正遗址出土

汉代

通高15.4、宽6、厚2.7厘米

泥质灰陶。头戴巾帻，眉目模糊，耳、鼻微突，下颌略尖。袍衣曳地，双手持环首刀抱于胸前。半模制。

52、陶俑 南正遗址出土

汉代

通高16.7、宽6.6、厚2.7厘米

灰陶。头戴帽，眉清目秀，鼻隆耳阔，双唇紧闭，下颌略尖，双手抚于胸前，宽袖垂于腹间，神情苍老。模制。

53. 陶俑　南正遗址出土

汉代

高27.8、宽13.4厘米

泥质灰陶。跽坐状，头戴平巾帻，眉目清晰，耳阔鼻隆，双唇闭合，嘴角下弯，面容清秀，袍衣右衽，衣袖高卷，双臂及膝前托盘上器物不存。模制。

54. 陶俑　　岩上墓地出土

汉代

通高13.3、宽5.2厘米

泥质灰陶。作直立状。头戴冠，面部模糊，身着左衽长襦。小臂向上弯曲，置于胸前。腰间系带。袍衣下部饰三道枝叶纹。模制。

55. 捣米俑　　南正遗址出土

汉代

高11、长13.4、座高1.8厘米

泥质灰陶。杠杆一端装置杵头，另一端踩于捣米者右脚下。捣米者两人，头戴帽，眉目模糊，面容清瘦，袍衣曳地，双手紧握左右扶栏；扶栏两端设立柱固撑。模制。

56. 捣米俑   南正遗址出土

汉代

高11.9、长14.8、壁厚0.2～2.4厘米

泥质灰陶。杠杆一端装置杵头，另一端踩于捣米者右脚下。捣米者两人，前一人头部不存，后一人头戴帽，均眉目模糊，面容清瘦，袍衣曳地，双手紧握左右扶栏；扶栏两端设立柱固撑。模制。

57. 陶俑   南正遗址出土

汉代

残高6.1厘米

泥质灰陶。头戴帽，面容圆润，双手叉腰，腹下部分不存。模制。

58. 陶鸭　南正遗址出土

汉代

通高18、通长15.2厘米

泥质灰陶。竖颈拧头，喙扁平，背、尾羽毛清晰，尾宽扁，直立状，腹内空。模制。

59. 陶鸡　　南正遗址出土

汉代

通高13.8、长18.4、宽9.7厘米

泥质灰陶。卧状，喙尖，双目圆凸，翅羽尾翎清晰，尾上翘，腹内空。模制。

60. 陶鸡　　南正遗址出土

汉代

通高17.4、通长21.5厘米

泥质灰陶。尖喙高冠，双目圆鼓，背羽毛清晰，尾上翘，直立状，腹内空。模制。

61. 陶鸡   南正遗址出土
汉代

通高7.6、长10.6厘米

泥质灰陶。尖喙，翘尾末端下垂，腹下圈足形底座。手制。

62. 陶鸡   南正遗址出土
汉代

通高11.2、残长11.4、足高2厘米

灰陶。喙尖，眉目模糊，羽翎不清，尾上翘，腹下方形底座。模制，背至头及腹残留合模制痕。

63. 陶鸡 南正遗址出土

汉代

通高9.4、长8.7、座高2.1厘米

泥质灰陶。喙略钝，高冠，双目略凸，翅羽、尾翎清晰，翅尾末端下垂，腹下方形底座。模制。

64. 陶鸡 南正遗址出土

汉代

通高7.8、残长12.3、足宽3.2厘米

泥质灰陶。尖喙高冠，眉目模糊，羽翎不清，尾翘，蹲卧状双爪微露。手制。

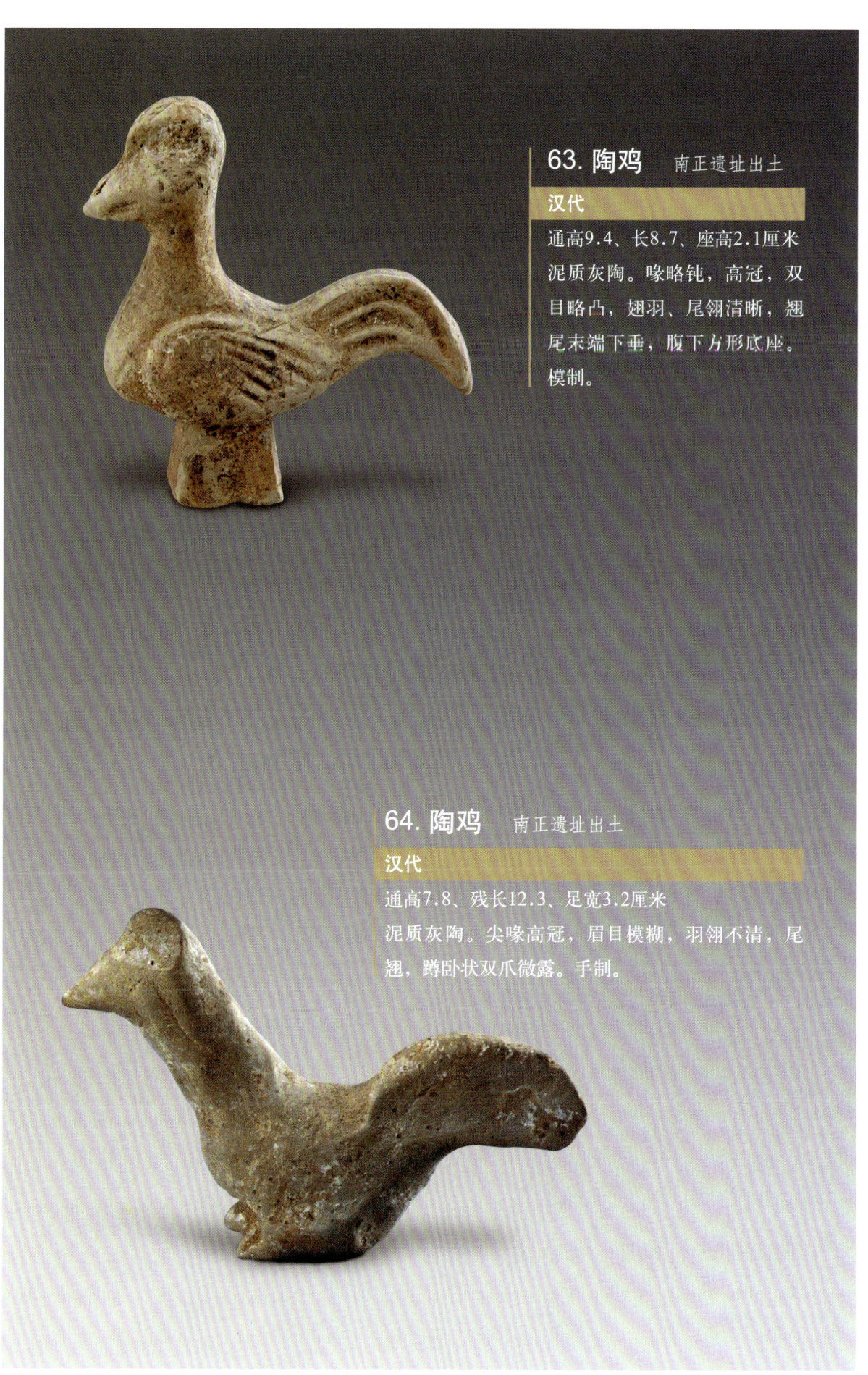

65. 陶鸡　　南正遗址出土

汉代

通高7.9、长9.5、足高1.2、足径4.1厘米

泥质灰陶。喙尖圆，冠较低，眉目模糊，羽翎不清，尾上翘，腹下圈足形底座。手制。

66. 陶鸡　　南正遗址出土

汉代

通高9.8、长11.2、座高2、座径4.2～4.5厘米

泥质灰陶。喙略钝，高冠，眉目不清，翅羽、尾翎清晰，翅尾末端下垂，双足立于圆形踏板上。粉彩剥落殆尽，模制。

67. 陶鸡 南正遗址出土

汉代

通高9、长10.9厘米

泥质灰陶。尖喙，圆眼，翘尾，翅、尾羽翎清晰，腹下方形底座。模制，胸、背残留合模制痕。

68. 陶鸡 南正遗址出土
汉代

通高9.2、长11.1厘米

陶色土黄泛白。尖喙,圆眼,翘尾,翅、尾羽翎清晰,腹下方形底座。模制,胸、背残留合模制痕。

69. 陶鸡 南正遗址出土
汉代

通高10、长12.8、座高2.7厘米

泥质灰陶。喙略钝,目圆鼓一不存,翅羽、尾翎清晰,翘尾末端下垂,腹下方形底座。模制。

70. 陶鸡 岩上墓地出土

汉代

通高13.8、长13.2厘米

泥质灰陶。作站立状。高冠，尖喙，圆目略外凸，直颈较长。挺胸，双翅较大，以凹线条表示出羽毛。长尾外卷。双爪之间及腹下有一方座。合模制成，接缝处有刀削痕迹。

71. 陶鸡　　南正遗址出土

汉代

通高9.2、残长8.9厘米

泥质灰陶。喙略钝，眉目模糊，翅羽清晰，尾不存，腹下方形底座。模制。

72. 陶鸡　　南正遗址出土

汉代

通高11.5、残长11.5、足高2.1厘米

泥质灰陶。喙略残，眉目模糊，羽翎不清，尾上翘，腹下方形底座。模制，背至头及腹残留合模制痕。

73. 陶鸡　　南正遗址出土

汉代

通高9.2、残长8.7、足宽4.1厘米

泥质灰陶。尖喙高冠，眉目模糊，羽翎不清，尾翘，蹲卧状双爪微露。手制。

74. 陶鸡　　南正遗址出土

汉代

通高9、残长9.3、座高1.5、足宽3.3厘米

泥质灰陶。尖喙高冠，双目略凸，翅羽清晰，尾上翘，腹下方形底座。模制。

75. 陶鸡　　南正遗址出土

汉代

通高9.2、残长5.3、足高1厘米

泥质灰陶。尖喙短尾，眉目模糊，翅羽清晰，腹下方形底座。模制。

76. 陶鸡　岩上墓地出土

汉代

通高7.7、长7.5厘米

泥质灰陶。直立作昂首状，高冠，长尾上翘，足用一圆柱表示。手制。

77. 陶鸟　南正遗址出土

汉代

通高5、长8、宽5.6厘米

泥质灰陶。仰头竖颈，翅毛尾翎清晰可辨，扁尾平伸，两翅作欲飞状。半模制。

78. 陶鸟　南正遗址出土

汉代

通高4.8、长7.8、宽5.6厘米

泥质灰陶。仰头竖颈，翅毛尾翎清晰可辨，扁尾平伸，两翅作欲飞状。半模制。

79. 陶狗 南正遗址出土

汉代

通高29.4、通长32厘米

泥质灰陶。站立状。两耳耸立，双目圆鼓，张嘴吐舌，身躯细，尾巴上卷，四肢健壮，指爪清晰，颈、背系绳索。手模兼制，内空。

80. 陶狗　南正遗址出土

汉代

通高24.2、通长21.2厘米

泥质灰陶。站立状。两耳尖耸，双目圆鼓，张嘴露齿，身躯肥硕，尾巴上卷，四肢健壮，指爪清晰，颈、背绳索系于颈后环中。模制，内空。

81. 陶狗　　南正遗址出土

汉代

通高5.1、长7.9、足宽3.3厘米

泥质灰陶。耳耸嘴阔，尾巴上卷搭于臀部，四肢矮短作站立状。耳、鼻残，手制。

82. 陶狗　　南正遗址出土

汉代

通高12、长15.6、足高3、足宽4.8～5.7厘米

泥质灰陶。圆目小圆耳，张嘴露齿，尾巴上卷，身躯清瘦，四肢粗壮作站立状。模制，背、腹残留合模制痕。

83. 陶狗　南正遗址出土

汉代

通高12、长15.6厘米

泥质黄褐陶。圆目小圆耳，张嘴露齿，尾巴上卷，身躯清瘦，四肢粗壮作站立状。模制，背、腹残留合模制痕。

84. 陶狗　南正遗址出土

汉代

残高15.2、通长27.4厘米

泥质灰陶。两耳耸立，双目圆鼓，长嘴微张，身躯细，尾巴上卷，四肢不存。神态威武。模制。

85. 陶狗　南正遗址出土

汉代

残高28、通长33.6厘米

泥质灰陶。站立状。两耳尖耸，双目圆鼓，张嘴吐舌，身躯肥硕，尾巴上卷，四肢健壮，指爪清晰，颈、背绳索系于颈后环中。神态威武，栩栩如生。做工较精细。模制，内空。

86. 陶狗　　南正遗址出土
汉代

通高7、通长8.6厘米

泥质灰陶。耳残,眉目不清,身躯肥壮,尾巴上卷,四肢矮粗作站立状。手制。

87. 陶狗　　南正遗址出土
汉代

通高6.5、长10.4厘米

灰陶。尖嘴圆耳,小尾上卷,四肢矮短作前扑状。手制。

88. 陶狗　　岩上墓地出土
汉代

高4.7、通长16厘米

泥质灰陶。作站立状。头低垂,短吻,耷耳,短颈,其上鬃毛竖立。体圆,四蹄直立,前、后两足未分开,尾巴向上侧卷。合模而成。

89. 陶猪 南正遗址出土

汉代

通高6.2、长12、足宽5.2厘米

夹砂红陶含云母。双角乳头状凸起，两扁耳残，圆目内凹，宽嘴微张，尾巴残断，下有一圆便孔，身躯肥壮，四肢矮短。手制。

90. 陶猪 南正遗址出土

汉代

通高6.8、长9.6、足宽3.5厘米

泥质灰陶。长嘴垂耳，鬃毛耸立，尾巴上卷搭于臀部，身躯肥壮，站立状，形象逼真。模制。

91. 陶猪　　南正遗址出土

汉代

通高7.6、长10.2厘米

泥质灰陶。长嘴圆耳，鬃毛耸立，尾巴上卷搭于臀部，身躯扁瘦，四肢作站立状。模制，背、腹残留合模制痕。

92. 陶猪　　岩上墓地出土

汉代

通高8.1、长10.1厘米

泥质灰陶。作站立状。俯首，嘴较短，双眼圆鼓外凸。鬃毛较长且竖立，尾巴上卷。身体较瘦。前面两足与后面两足分别相连，未分开。模制。

93. 陶猪　　南正遗址出土

汉代

通高6、长9.9厘米

泥质灰陶。宽嘴，两耳下垂，鬃毛耸立，尾巴上卷搭于臀部，身躯清瘦，站立状。模制。

94. 陶猪　南正遗址出土

汉代

通高6.2、通长12.1、足宽4.5厘米

泥质灰陶。宽嘴圆耳，双目微突，鬃毛耸立，尾巴上卷搭于臀部，身躯肥壮，四肢粗短作站立状。模制，背、腹残留合模制痕。

95. 陶猪　南正遗址出土

汉代

通高8.2、长17.8厘米

泥质灰陶。长嘴圆耳，双目微突，鬃毛耸立，尾巴下垂，身躯肥壮，四肢粗短作站立状。背、腹残留合模制痕，手模兼制。

96. 陶厕　南正遗址出土

汉代

通高21.7、长25.6、宽22.3厘米

泥质灰陶。平面长方形，一侧墙外设坡道，厕所悬山顶，脊两角微翘，流水坡素平，屋室平面长方形，直壁较高，正面近一侧辟一长方形门，门侧镂窗棂；圈墙镂成棂窗形，一墙五圆孔与棂孔相间。

97. 陶猪厕　　南正遗址出土

汉代

通高25.9、长28.8、宽22.8、壁厚1~1.2厘米；猪高8、长10.1、足宽3.4厘米

泥质灰陶。平面长方形，两侧墙壁中部棂窗形。一端墙外设坡道，依其可入圈上厕所，厕所四阿顶，屋室平面长方形，直壁较高，正面一侧辟一长方形门；另一端搭设猪舍，猪舍单坡顶向圈内流水；圈内一猪低头卷尾作站立状。手模兼制。

98. 陶猪厕 岩上墓地出土

汉代

通高11、口径25厘米

夹云母红陶。由一件圈体和一只陶猪组成。圈体平面呈圆角方形，陶圈一侧有一长方形平台，平台一侧与圈壁相接，另一侧搭建于两根立柱、一根横梁之上，平台中部有一长方形穿孔。圈外有一条斜直的坡道与平台相连。圈壁上有数道纵向长方形穿孔，用作围栏。圈内有一陶猪。陶猪作站立状，头略下垂，嘴较短，椭圆形双眼。鬃毛较长且竖立，尾巴残缺。手制。

99. 陶猪厕　　南正遗址出土（正）（背）

汉代

通高20、长25.6、宽17厘米；猪高5.4、长9.1厘米；乳猪高5.8、长8.4厘米

泥质灰陶。平面长方形，一侧墙外设坡道，依其可入猪舍上厕所，厕所庑殿顶，屋室平面长方形，直壁较高，正面近一侧辟一长方形门；坡道护栏和猪舍及正面一端圈墙镂有横长方形或竖长方形孔，墙角上部为攒尖形屋顶饰。圈内有二猪，均灰陶，长嘴圆耳，双目圆鼓，尾巴上卷搭于臀部，四肢矮粗作站立状。乳猪鬃毛耸立，便孔清晰，腹下有二乳，形象逼真。手模兼制。

100. 陶猪厕　南正遗址出土

汉代

通高25.6、长26.4、宽23.6厘米；猪高8.4、长17.5、足宽5.4～5.8厘米。泥质灰陶。平面方形圆角，一侧墙外设坡道和护栏，依其可入猪舍上厕所，厕所四阿顶，屋室平面长方形，直壁较高，正面近一侧辟一长方形门；其余三面圈墙镂成棂窗形。圈内一猪，灰陶，长嘴圆耳，双目微突，鬃毛耸立，尾巴下垂，身躯肥壮作站立状。手模兼制，背、腹残留合模制痕。

101. 陶灶 南正遗址出土

汉代

通高20.6、长29.6、宽18～22.1、壁厚1～1.2厘米

泥质灰陶。灶体平面呈梯形，前宽后窄，后有梯形烟囱，灶面三釜呈"品"字形分布，与灶体分离。前是对称直角渐收挡烟墙。正面中部方形火门，门上斜耸导烟墙。右、后壁耸立挡风墙，无底内空。烟囱残断。模制。

102. 陶灶　南正遗址出土

汉代

通高13.6、长24.2、宽13.5、壁厚0.5～1厘米

泥质灰陶。灶体平面呈梯形，前宽后窄，上面后有方棱烟囱，灶面三釜呈"品"字形分布。其中一釜上放置泥质盆，盆敞口，平沿，方唇，斜腹，平底，前是矮挡烟墙。正面中部横长方形火门。无底内空。模制。

103. 陶灶　南正遗址出土

汉代

通高13.8、长25.6、宽18～19.6、壁厚1～1.2厘米

泥质灰陶。灶体梯形，上面"品"字形三穴置釜，右、后壁耸立挡风墙，前有对称直角渐收挡烟墙。正面中部是横长方形火门。模制。

104. 陶灶　南正遗址出土

汉代

通高17.4、长27、宽12～17.2、台高7.4～8.2、壁厚1.3～1.6厘米

泥质灰陶。灶体平面呈梯形，前宽后窄，灶面三釜呈"品"字形分布。后有棱锥状烟囱，前是矮挡烟墙。正面中部是横长方形火门，无底内空。模制。

105. 陶灶　　南正遗址出土

汉代

通高15.4、长27.2、宽22.4厘米

夹云母红褐陶。灶体平面呈马蹄形，灶面三炊具呈"品"字形分布，三穴置一甑二盆，均敞口，斜腹，底不平，甑折沿下斜，方唇，底穿五箅孔；盆斜沿、圆唇。后面斜耸筒状烟囱，近末端一圆凸棱，棱外穿一周小圆孔。正面有横长方形火门。手制。

106. 陶灶　　南正遗址出土

汉代

长22、宽10～13.2、高10.8、壁厚1厘米
泥质灰陶。灶体平面呈梯形，前窄后宽，上面后端有方形烟囱，灶面三釜呈"品"字形分布。正面是方形火门，无底内空，火门略残。手制。

107. 陶灶　　南正遗址出土

汉代

通高8.7、长20.7、宽11.6～14厘米
泥质灰陶。灶体平面呈梯形，上面三釜呈"品"字形分布，后面斜耸烟囱，前有矮挡烟墙。正面中部方形火门。手模兼制。

108. 陶灶　南正遗址出土

汉代

通高19、残长28.3、宽17～27厘米

泥质灰陶。灶体平面呈梯形，上面无火眼，后有方棱梯形烟囱，二釜前后布置（即釜之上半）与灶体分离，前是对称直角渐收挡烟墙。正面中部横长方形火门，门上导烟墙残断。右、后壁耸立挡风墙，后墙中部设一圆孔，无底内空。模制。

109. 陶灶 岩上墓地出土

汉代

通高22、长32.6、宽22.8厘米

由灶体和3件小陶釜组成。灶体1件,夹云母褐陶,平面呈马蹄形,前宽后窄。筒状,直壁。下部略外撇。灶面有3个圆形灶眼,呈"品"字形排列,上面设3个小陶釜。尾部设置一柱状烟囱,其顶部为蒜头状,上面有两周上穿孔。前端有长方形灶门,轮制。小陶釜侈口,折沿,方唇,鼓腹,下腹内收,平底。素面。轮制。

110. 陶灶　岩上墓地出土

汉代

灶体通高12.2、顶径23.5～24.2、底径23.4～26.4厘米；侈口小釜高3.5、口径6.9厘米，敛口小釜高6.6、口径5.7、腹径7.9厘米

由灶体和3件小尖底釜组成。灶体1件，夹云母红陶。平面为弧边三角形，前部尖圆。灶体的3个转角处，下部外撇，宽于上部。灶面略下凹，上有3个圆形灶眼，呈"品"字形排列，上面设置3个分体的尖底小陶釜。尾部斜置一蘑菇状烟囱，其顶部正中有一圆形穿孔，四周有数道纵向穿孔。前端有长方形灶门。灶体轮制而成。小陶釜3件，夹云母红陶。2件为侈口，折沿，斜方唇，腹壁斜直，微弧，尖底。素面。轮制。1件为敛口，肩部斜直，鼓腹、下腹内收，尖底。素面。模制。

111. 陶厕　南正遗址出土

汉代

通高26.1、直径23.8~24.3厘米

泥质灰陶。粪池平面方形圆角。上半部呈房屋形，屋顶四阿式，屋室平面长方形，直壁较高。手轮兼制。

112. 陶厕　　南正遗址出土

汉代

通高22.1、池高6、上径24.6、下径24.4、房高16.4厘米

泥质灰陶。粪池圆形，无底，内空，上面靠一侧留"鞋底"形出粪口，另一侧上置厕房舍，屋顶悬山式，流水坡以瓦棱分区内饰菱形纹，屋室平面长方形，直壁较高，正面近一侧辟一长方形门，内有长方形孔通粪池。模制。

113. 陶磨　　南正遗址出土

汉代

通高4.7、直径12.2～11.4厘米

泥质灰陶。上下两扇均圆形饼状，上下相合。上片上下面密布斜向凸棱，下片仅下面有而上面素平。上片中部有圈足状握手，内有一横挡，其两侧穿二孔，缘部有一乳突。模制。

114. 陶磨　　岩上墓地出土

汉代

直径11厘米

泥质灰陶。分为上下两扇。圆形，下扇正中有一凸起的圆榫，磨面以"十"字纹等分作四部分，饰以斜线纹。上扇中部有一周圆形凸棱，中间有一道横挡，横挡两侧有放粮孔。上扇的一侧边缘上有一凸起，略高于磨面。上扇底面中间有一凹孔。模制。

115. 陶仓　　南正遗址出土

汉代

通高21.4、口径11.8、底径11.8、壁厚0.8~1厘米

泥质灰陶。盘口，折沿下斜，斜方唇，斜直腹下微外撇，平底微上凹。轮制，腹部残留旋制痕。

116. 陶仓　　南正遗址出土

汉代

通高20.1、口径12、底径10、壁厚0.8~1.4厘米

泥质灰陶。盘口，折平沿，方唇，斜直腹下微外撇，平底微上凹。轮制，腹部残留旋制痕。

117. 陶仓　岩上墓地出土

汉代

通高18.7、口径19.2、底径15.7厘米
直口，平折沿，方唇，短束颈。腹壁呈直筒状，微弧。腹中部偏上有2个相对的圆形穿孔。平底，略内凹。素面。轮制。

118. 陶仓　岩上墓地出土

汉代

通高18、口径10.6、底径10.2厘米
泥质灰陶。直口微侈。腹壁呈直筒状，微弧，平底，略内凹。素面。轮制。

119. 陶楼　南正遗址出土

汉代

高47.8、长25.2、宽12.1、顶长35、顶宽25.7厘米

泥质灰陶。悬山顶，脊两端微翘中部略凸，流水坡背坡素平，前坡饰瓦棱和垂脊，垂脊末端上翘，楼体平面长方形，直壁较高，背面素平，两侧中部各开一圆孔，正面上下辟三卧式长方形孔以示楼层，平底。手模兼制。

120. 陶楼　南正遗址出土

汉代

高49.7、长24、宽14.7、顶长27.5、顶宽21.5、壁厚1.2厘米

泥质灰陶。悬山顶，平脊，流水坡以两边覆置瓦棱和内部两仰置瓦棱分三区，区内阳饰菱形纹，楼体平面长方形，直壁较高，背面素平，两侧上部各开一圆孔，正面上下辟二横长方形孔以示楼层，中部左右有黑褐色"进"、"出"字样，内有隔板不及两侧，平底。手模兼制。

121. 陶楼 岩上墓地出土

汉代

通长37.6、通宽19.6、通高51.6厘米；仓体长25.6、宽10.1、高43.2、厚1.2～1.4厘米

泥质灰陶。仓顶为歇山式，正脊的两侧和中央突起，呈"山"字形。脊两端各有一圆形构件。前坡两端各有一垂脊。以一斗三升的栾式拱承托屋檐。斗拱表面饰简化兽面纹。楼体为正方形。正面有3个上下排列的长方形气窗。两侧的中上部有2个相对的圆孔。平底。

122. 陶井 南正遗址出土

汉代

通高25.6、口径7、台径16.8、底径13.9、壁厚1～1.2厘米

泥质灰陶。井架如"甘"字反置，立柱及横梁截面均方形，内部一横乃绕绳之滑轮，井口圆形微敛，井台环饼状，井壁喇叭状下外撇。手轮兼制。

123. 陶井 南正遗址出土

汉代

通高37.3、口径10.4、台径23.3、底径20厘米

泥质灰陶。井架呈"甘"字倒置，顶部四阿顶饰瓦棱，立柱及横梁截面均长方形，井口圆形微侈，井台圆饼状外有二道旋刮棱，井壁喇叭状，饰数道凸弦纹。轮模兼制。

124. 陶井 南正遗址出土

汉代

通高36.8、台径21.3、底径22厘米

泥质灰陶。井架呈倒"甘"字形，中部有滑轮，立柱及横梁截面均近方形，井口圆形微侈，井台呈圆饼状内空，井壁呈喇叭状。手模兼制。

125. 陶井 南正遗址出土

汉代

通高18.4、口边长6.1～7.1、台边长11～13.5、底边长11.5～13.5厘米

泥质灰陶。井架呈"甘"字形倒置，立柱和横梁及井壁截面、井口、井台、底座均长方形，井直壁，台、座出檐，座平底。手模兼制。

126. 陶井 岩上墓地出土

汉代

通高22.2、底径16.8～17.1厘米

泥质灰陶。井筒为喇叭形，平底。两个弧形柱以承托上部井架。井架由一长方形横梁上支两竖架构成，横梁的一端残断。横梁中间有一十字交叉纹。井筒和双柱轮制后削出，井架手制，然后与双柱黏接而成。

127. 陶灯　南正遗址出土

汉代

通高39、口径19.6、足径17.2厘米

泥质灰陶。四枝灯，灯盘和灯盏均敞口，折沿上仰，尖唇，浅腹，平底。灯盘腹外饰一周凹弦纹，盘下3个曲形撑柱与3个曲枝灯盏同附于圆柱形灯柱上，撑柱与灯盏错落相致。灯座喇叭状内空，外饰五周凸弦纹。手模兼制。

128. 陶灯　　南正遗址出土

汉代

通高23.2、盘径9.5、座径12.3厘米

泥质灰陶。浅盘，敞口，方唇，圆柱状柄，喇叭形底座。手轮兼制。

129. 陶罐　　前后朱各庄遗址出土

唐代

通高18.6、口径12.2、最大腹径18、底径9.2厘米

夹砂灰陶。侈口，圆唇，束颈，鼓腹，平底。腹部多见轮痕。

130. 陶罐　前后朱各庄遗址出土

唐代

通高11.3~11.9、口径10.3、最大腹径15.5、底径8.5厘米

泥质灰陶。束颈，圆肩，鼓腹，平底。

131. 陶罐　前后朱各庄遗址出土

唐代

通高13.8~14.1、口径8.3、最大腹径14.6、底径7.1厘米

夹砂灰陶。近直口，圆唇，微束颈，圆肩，鼓腹，平底。

132. 陶罐　　前后朱各庄遗址出土

唐代

通高18.3~18.8、口径11、最大腹径20.8、底径10.6厘米

夹砂红陶。侈口、圆唇、束颈、圆肩，肩部有左右对称双系，鼓腹，平底。

133. 陶罐　　天开遗址出土

唐代

口径9.5、最大腹径12.9、底径5.4、通高14厘米

泥质灰陶。敞口，尖圆唇，束颈，圆肩，斜弧腹下收，小平底。

134. 陶罐　天开遗址出土

唐代

口径8.9、最大腹径12、底径5.4、通高13.2厘米

泥质灰陶。敞口，方圆唇，束颈，圆肩，斜弧腹下收，小平底。肩部饰凹弦纹二道，腹部饰凹弦纹一道。

135. 陶罐　南正遗址出土

唐代

通高20.2、口径13、腹径15.7、底径10.4厘米

夹砂灰陶。直口微敛，凹唇，上圆下方，微鼓腹，平底微上凹。唇下拍印一周篮纹。轮制。

136. 三足罐　辛庄墓地出土

清代

口径12.7、最大腹径16、通高22.3厘米

泥质黄褐陶。直母口，口沿外侧有折棱，圆唇，圆弧腹，平底，圆柱状三足。

137. 铜饰　丁家洼遗址出土

春秋

长1.9、残宽1.5、厚约0.3厘米

某一铜器残片。

138. 铜印　岩上墓地出土

战国

印面边长约1.3、厚约4厘米

略呈方形，坛形纽。有二台，印文为单字阳文，释为"匠"。

139. 铜镞　　南正遗址出土

战国

通长4厘米

三翼前聚成锋，截面三叶形，后柱状有铤以插铤。

140. 铜带钩　　岩上墓地出土

汉代

通长10.1厘米

呈"S"形，蛇头形钩首，背有圆柱帽形纽。素面。

141. 铜带钩　南正遗址出土

汉代

通长14.9厘米

钩头兽首状，钩身琵琶形曲背，颈部饰三弦纹，截面半圆形，圆纽。

142. 铜带钩　南正遗址出土

汉代

通长13.4厘米

钩头兽首状，截面半圆形，钩身曲棒形稍扁，截面椭圆行，圆纽微残。

143. 铜镜　南正遗址出土

汉代

直径11.2厘米

圆形连弧纹镜，镜面光洁微凸，背面中部半球形纽，柿蒂形纽座出四幅形叶有干，其间篆文"长宜子孙"，外为八内向连弧文和一凹弦纹带，近三角形缘。

144. 铜戒　　南正遗址出土

汉代

外径1.8、内径1.7、宽0.45～1.75厘米

形如"戒子"，内素面，外较宽部分饰柳叶形凸线框，内密布小凹点。

145. 铜削刀　　南正遗址出土

汉代

残长12.7、环外径1.9～2.4、环内径1.2～1.6厘米

柄四棱扁体略窄，截面梯形，末端椭圆状环，截面圆形，削身宽于柄，截面三角形，直刃尖部残断。

146. 铜刀　　南正遗址出土

汉代

通长77.2、环外径4.4～6.4、环内径2.8～4.8厘米

柄四棱扁体略窄，截面梯形，末端椭圆状环，截面半环形，刀身宽于柄，截面三角形，直刃，尖端弧向背部。

147. 铜簪　岩上墓地出土

清代

通长18.5、最宽4.6厘米

簪体扁平，呈"S"形。簪首宽大，饰花蓝和缠枝花卉图案，花瓣上有梅花纹和圆珠纹，空白处錾刻细密的圆点。簪体下部分为两叉，一支背面錾刻"恒顺足纹"。

148. 铜簪　岩上墓地出土

清代

通长10.9、厚1.5厘米

簪首、末两端尖圆，较宽，向外弯曲，且分别錾刻一"寿"字，围以一周圆珠纹。簪体中部为亚腰形，背面中部錾刻"恒顺"二字。

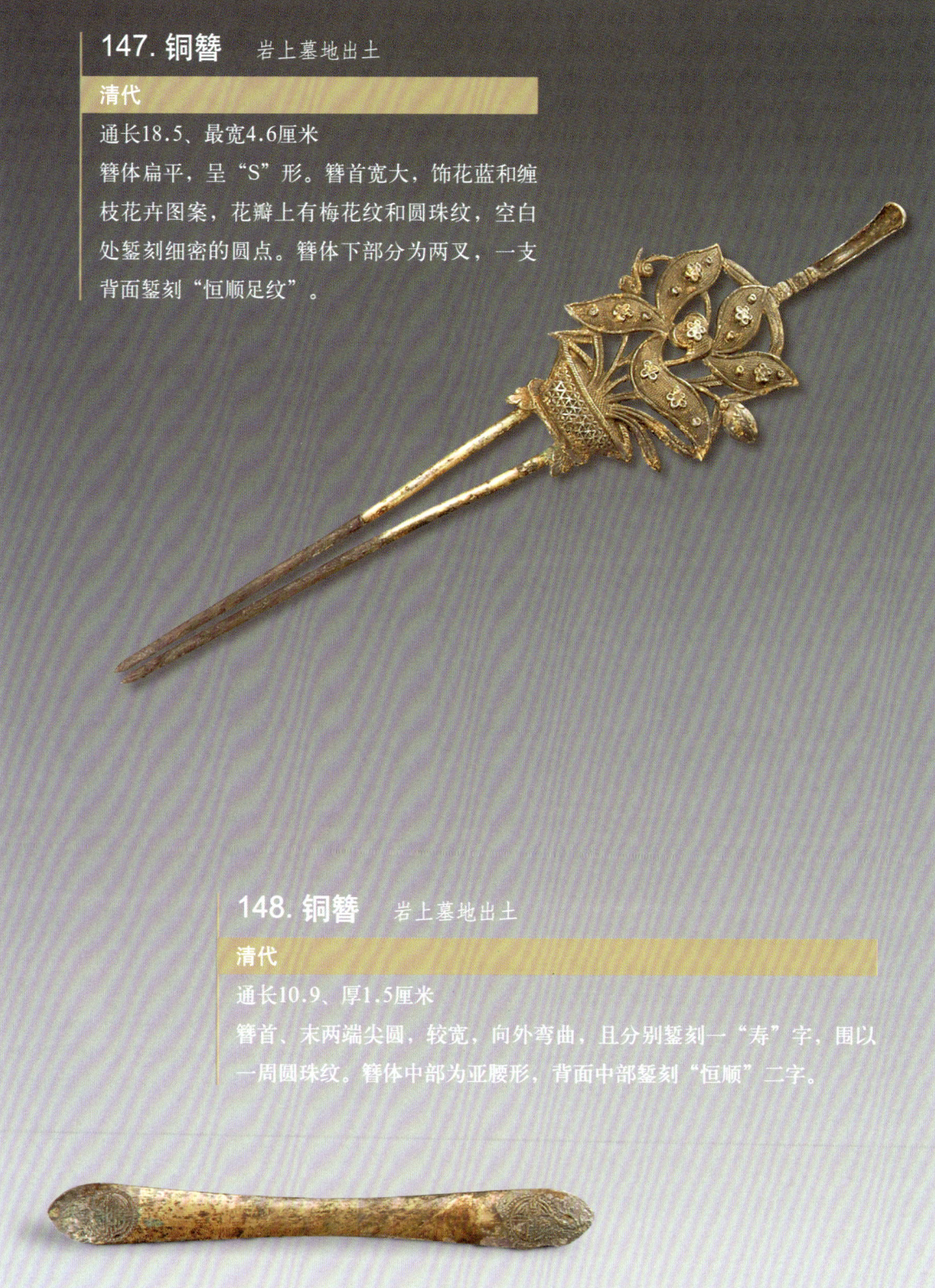

149. 铜簪 岩上墓地出土

清代

通长16.6厘米

簪首为用铜丝缠绕而成的六面形禅杖，顶端为葫芦形宝瓶。簪颈短且鼓，簪身为圆柱形，较细。

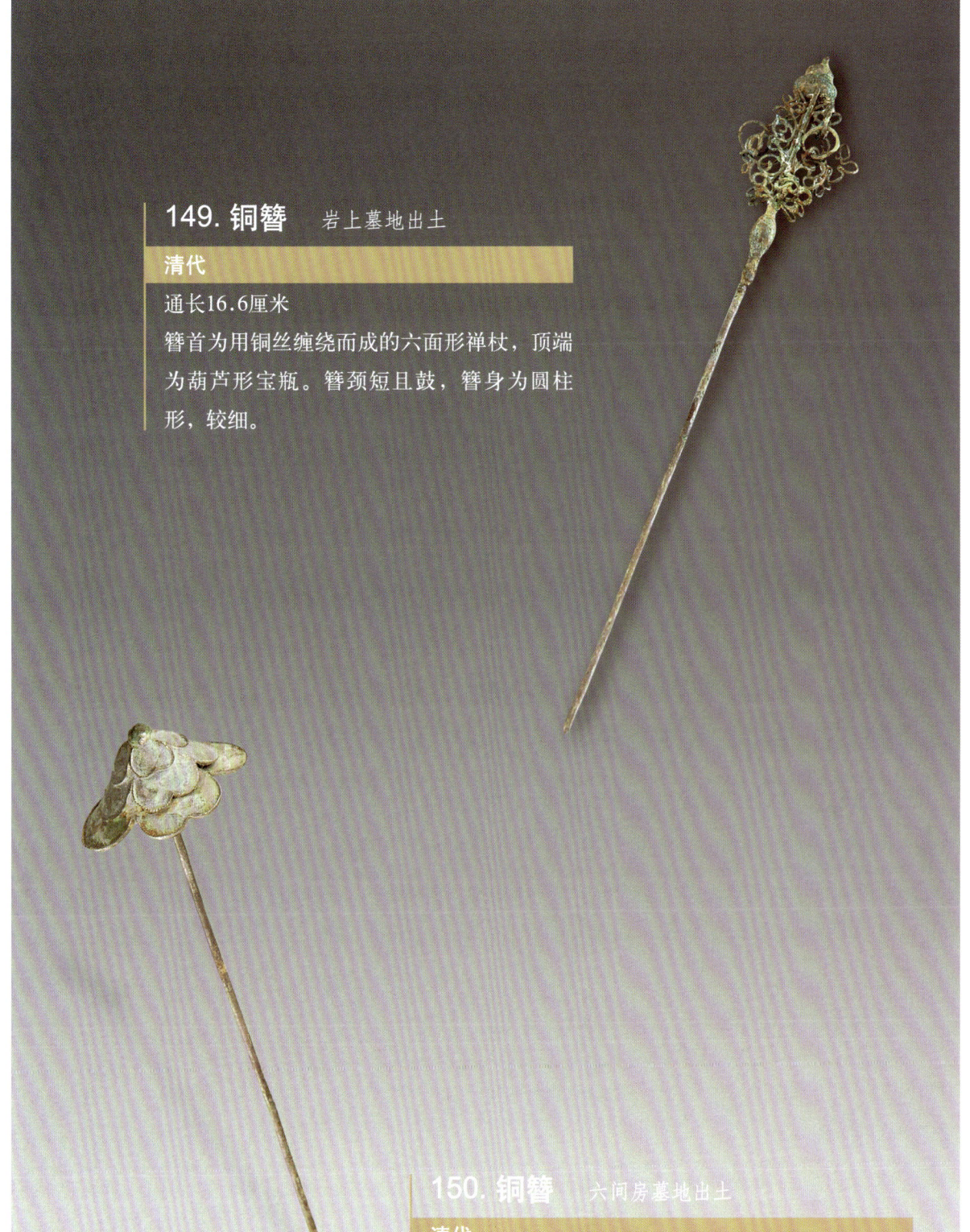

150. 铜簪 六间房墓地出土

清代

顶径2.8~3.5、通长15厘米

簪顶呈椭圆伞状，有重叠梅花组成，上部铸一小球，簪体呈细圆锥状。

151. 铜簪　六间房墓地出土
清代

顶径2.65、通长13.4厘米

簪顶由大小两个梅花铜饼制成，簪顶双面有梅花图案，厚饼周边刻有对三角形纹带，簪体成细圆锥状。

152. 铜簪　六间房墓地出土
清代

残长12.7厘米

簪首残，从残存部分观之，其形制应为铜丝制作的九连环，簪体呈细圆锥状。

153. 铜帽珠　六间房墓地出土
清代

直径2～2.5、底径2.9、通高4.6厘米

铜质鎏金。上部为椭圆形球状，球体中空，底座为半圆形。球上部用梅花铆钉铆制，下部由莲花墩镶嵌，底部有孔花瓣组成，上部与座有铤连接。

154. 铜三事　　新街墓地出土

清代

总长31.2厘米

该器物是由挑牙、耳挖、镊子组成三种随身佩戴的卫生用具。上部为如意形挂钩，下用一段长12.4厘米的铜链连接一菱角形三分环，三分环各用一铜链系一事物。左为耳掏，系为死环，通长8厘米；中为镊子，系为转环，镊尖似鸟首形，通长8.1厘米；右为挑牙，系为死环，通长7.8厘米。

155. 铜镯　　岩上墓地出土

清代

最大径7.1、宽1.2厘米

近似圆环形，镯体宽厚。中部饰两组花叶纹，之间以花瓣纹构成的菱格纹相隔。两端饰"寿"字纹。空白处均錾刻细密的圆点。镯体内侧纵向并列刻有"恒顺"、"足纹"的款识。

156. 酱釉双系罐　前后朱各庄遗址出土

唐代

通高22、口径7.7、最大腹径20.5、底径10厘米
侈口，圆唇，束颈，圆肩，假圈足。

157. 瓷碗 前后朱各庄遗址出土

唐代

通高6.3、口径19.4、底径6.8、底径10厘米

侈口，圆唇，斜腹，矮圆足，腹部见多道拉胚痕。

158. 瓷瓶 天开遗址出土

唐代

口径7.2、最大腹径14.4、底径7.2、通高22.4厘米

粗瓷。浅黄色釉，腹下部及假圈足无釉。喇叭状口，圆唇，细高颈，圆肩，弧腹，假圈足内凹。

159. 青花粉彩瓶　　六间房墓地出土

清代

口径6.6、最大腹径12.5、底径7.3、通高18.7厘米

直口，短颈，丰肩，圆腹细长，平底内凹。内壁留有轮旋痕迹，中腹、颈肩交接处各有一道接胎痕。细白胎，内外壁施白釉，口沿刮釉，涩底。釉下釉上分别绘有青花、粉彩花纹。颈部施一周荸荠形莲瓣纹，肩部绘一周草率的卷草纹，腹壁绘竹、石、花叶、蝴蝶纹。青花设色分明，浓艳明快，粉彩有红、绿二色，但大部分已剥落。

160. 瓷罐 新街墓地出土

清代

口径9.8、最大腹径16、足径6.4、通高13.4厘米

粗瓷。豆绿色釉，外不及足。敛口，圆唇，斜直颈，双系，圆弧腹，矮圈足。

盛世调吉水
古都遗博珍

161. 瓷瓶 新街墓地出土

清代

口径6、最大腹径9.2、底径5.4、通高22.4厘米

粗瓷。酱色半釉，平沿，方唇内弧，盘状口，束颈，体修长，平底。

162. 玉管　丁家洼遗址出土

春秋

长2.15、直径1.3、管径约0.5厘米

青色，通体磨光。

163. 耳珰　岩上墓地出土

汉代

通高1.26、直径1～1.2厘米

琉璃器。深蓝色，略透明，呈"亚"字形，束腰，一端略粗，另一端稍细。中间有一圆形穿孔。

164. 耳珰　南正遗址出土

汉代

通长1.36、大端径1.22、小端径0.86厘米

玻璃器。天蓝色泛白，半透明，形似腰鼓，一端稍大，中空。

165. 石砚　新街墓地出土

清代

长14、宽12.7、厚2.2厘米

近方形,石质细腻,呈紫褐色。台面呈长方形,一周有郭,郭较窄略浅,一端与台圹相连,另一端为内弧角,台面外围为墨池,郭较宽且深,郭上有刻线一周。

166. 骨簪　南正遗址出土

汉代

残长10.5、最大直径0.9厘米

柄、身均圆锥形,柄较短且钝素面,身粗于柄折凸向尖部渐细,较长且锐阴刻纹饰,粗部两组(每组三道)弦纹间饰三波折纹,弦纹外两组(每组三道)斜线相交缠绕至尖。磨制后手工修琢。

167. 包金手镯　新街墓地出土
清代

外径7.1~8.7、内径5.3~6.9、截面直径0.9~1厘米

银质包金。近椭圆形，截面呈圆形。

168. 银环　新街墓地出土
清代

外径2.4、内径1.75厘米

圆形，其截面亦为圆形。周身饰弦纹似螺丝状。

169. 银戒　岩上墓地出土
清代

最大径1.9、宽2.2厘米

平面为圆环状。器体较宽。一端錾刻一只麒麟，之后中间部分为两组花叶纹，其空白处錾有紧密的圆点，上下则以雷纹为界栏。

170. 银镯   岩上墓地出土

清代

残长6.1、孔径0.6厘米

残存部分呈圆弦形，剖面为圆环形。正面镶嵌三朵花，一端有一个圆形小穿孔，另一端残存一段木杆。

171. 银扁方   六间房墓地出土

清代

长10.6、宽17.5厘米

簪体呈扁长方形，整体较薄，前端呈弧形，簪表面下部饰有一蝙蝠纹，上部饰花边圆圈，中心饰几何图案，簪首卷曲呈花状，表面饰一蝙蝠纹，簪体背面有字2个，但其字迹不清，难以辨别。

粟

大麻

172. 粟、大麻　丁家洼遗址出土

春秋

丁家洼遗址经浮选、采样后，发现了相当数量的炭化植物种子。其种类主要有粟、大豆、荞麦、大麻等。从而证明在春秋时期北京地区已经处于比较发达的农业阶段。